华语阅读金字塔·10级
Sinolingua Reading Tree Level 10

❾ 中国民族舞俱乐部
Chinese Folk Dance Club

Victor Siye Bao（鲍思冶）　曾凡静　编著
〔美〕Scott Rainen　翻译
顾腾飞　绘画

每年还会开办新的课外活动,比如今年我们学校的学生会主席伊娃就开创了一个新的社团——中国民族舞俱乐部。

我根据名字猜,这个俱乐部是学习跳各种各样的中国民族舞蹈的。

我很喜欢中国，就报名参加了。

我们每个星期三的中午都要去排练。我们先学的舞蹈是扇子舞，伊娃说扇子舞是最简单的中国民族舞。

一开始,伊娃拿着两把漂亮的扇子,为我们跳了一段扇子舞。

她跳得真好,两把扇子好像长在她手上一样,一会儿打开,一会儿合上,好神奇呀。

我们看得入迷。

她跳完以后，递给我们每个人一把扇子，让我们练习用单手怎么打开扇子，怎么合上扇子。

没拿到扇子的时候，我们都觉得这动作非常容易。

可是拿到扇子一试，我们都不说话了。

合上扇子、打开扇子看起来容易，做起来可不容易。

而且我们还要拿着扇子跳舞，一边做出各种各样的舞蹈动作，一边还要注意变换舞蹈队形。

他们俩和我们一样,非常认真地练习。

跳完扇子舞以后，我们又跳了伞舞，这次那两个男孩子也上场了。

他们刚一出场,大家都笑了,还有很多人开始鼓掌。

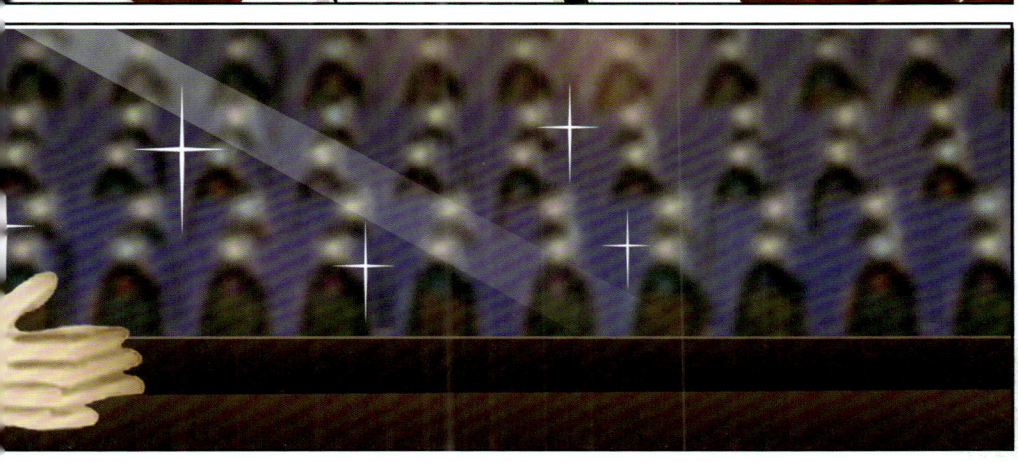

后来，他俩在舞台中央跳伞舞的照片被贴在了学校宣传栏里，他们成了校园明星。

再后来，又有好几个男生参加了我们的俱乐部。

每年的新年集会上都有舞蹈表演,今年我们俱乐部有个节目全部是男生表演的,受到了大家的喜爱。

PROJECT

1. 研究一下中国民族舞有哪些种类，请列出至少五种舞蹈（以及舞蹈对应的民族），再选一个你最喜欢的，进行详细研究，然后制作一段关于中国民族舞的视频向同学们介绍。
2. 在网上找一个中国民族舞的视频，跟大家分享。
3. 调查一下你们学校都有什么俱乐部，最受大家欢迎的俱乐部是哪个，它为什么受大家欢迎。

练习1 说一说

1. 故事里新的社团叫什么名字？
2. 伊娃在学校担任什么职务？
3. 看了伊娃跳的扇子舞，大家在没拿到扇子的时候是怎么想的？
4. 在元宵节的集会上，两个男孩子表演了什么舞蹈？
5. 每年的新年集会上都有舞蹈表演，今年有一个舞蹈节目很特别，特别在哪里？

练习2 写一写

请你以在元宵节集会上参加伞舞表演的男孩子的身份写一篇日记。日记写出表演的过程、自己的心理活动、台下的反应，等等。

练习3 演一演

假设你是故事里最初就参加中国民族舞俱乐部的男孩子，请表演一下你的经历。

人物：你、伊娃和一些俱乐部团员。

情节：报名参加、排练、表演……

练习 4 完成句子填空，然后根据故事排出正确顺序

大约	简单	怎么	只管	比如	根据	神奇
注意	入迷	热烈	鼓励	张灯结彩	五颜六色	
把	刚	又	戴	贴	基本上	

(　) 再后来，_____ 有好几个男生参加了我们的俱乐部。

(　) 她跳得真好，扇子好像长在她手上一样，一会儿打开，一会儿合上，好 _____ 呀。

(　) 伊娃是个好老师。她常常 _____ 我们，还一次又一次地给我们做示范，教我们怎么跳好扇子舞。一个月以后，我们 _____ 学会怎么跳扇子舞了，大家跳得很整齐。

(　) 一开始，伊娃拿着两 _____ 漂亮的扇子，为我们跳了一段扇子舞。

(　) 合上扇子、打开扇子看起来容易，做起来可不容易。而且我们还要拿着扇子跳舞，一边做出各种各样的舞蹈动作，一边还要 _____ 变换舞蹈队形。

(　) 我们看得 _____。我们都忘记了时间，忘记了说话。

(　) 后来我们又开始学习伞舞。就是拿着 _____ 的雨伞跳舞。有两个男孩子也参加了我们的俱乐部。他们俩非常认真地练习。

(　) 后来，他俩在舞台中央跳伞舞的照片被 _____ 在了学校宣传栏，他们成了校园明星。

(　) 我们学校 _____ 有两百种课外活动，其中有体育活动，也有文艺活动。

(　) 我们随着中国的民族音乐跳起了扇子舞。我们跳得非常整齐，非常好看，观众们都 _____ 鼓掌。

(　) 我们先学的舞蹈是扇子舞，伊娃说扇子舞是最 _____ 的中国民族舞。

(　) 我 _____ 名字猜，这个俱乐部是学习跳各种各样的中国民族舞蹈的，我报名参加了。

(　) 中国的元宵节到了，校园里到处 _____，我们俱乐部在学校举办的集会上表演。

(　) 每年还会开办新的课外活动，_____ 今年我们学校的学生会主席伊娃就开创了一个新的社团——中国民族舞俱乐部。

(　) 他们 _____ 一出场，大家都笑了，还有很多人开始鼓掌。

(　) 她跳完以后，让我们练习用单手 _____ 打开扇子，怎么合上扇子。

(　) 他们 _____ 随着音乐认真地跳，我们在后排也认真地跳，台下很多人给他们照相。

(　) 我们又跳了伞舞，这次那两个男孩子也上场了。他们俩 _____ 的假发梳成了和我们女孩子一样的小辫子。

开创	民族舞(蹈)
kāichuàng / start	mínzú wǔ(dǎo) / folk dance

俱乐部	排练
jùlèbù / club	páiliàn / rehearse; practise

扇子舞	整齐
shànziwǔ / fan dance	zhěngqí / neat; orderly

元宵节	张灯结彩
Yuánxiāo Jié / Lantern Festival	zhāngdēng-jiécǎi / decorate with lanterns and coloured streamers

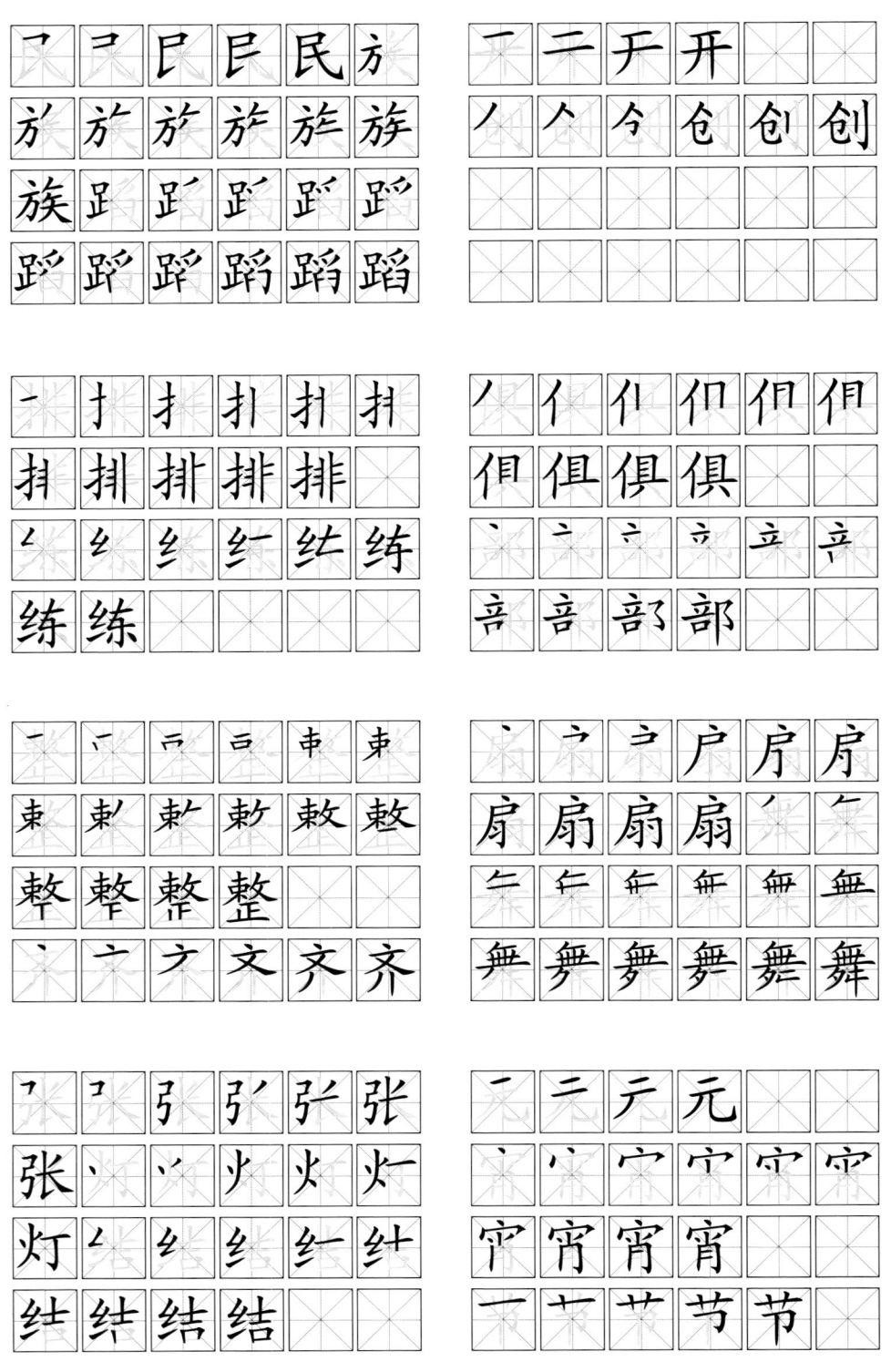

词汇表 Vocabulary

信不信由你	xìn bú xìn yóu nǐ	believe it or not
开创	kāichuàng	start
民族	mínzú	ethnic group
舞(蹈)	wǔ(dǎo)	dance
俱乐部	jùlèbù	club
猜	cāi	guess
排练	páiliàn	rehearse; practise
扇子舞	shànziwǔ	fan dance
整齐	zhěngqí	neat; orderly
元宵节	Yuánxiāo Jié	Lantern Festival
张灯结彩	zhāngdēng-jiécǎi	decorate with lanterns and coloured streamers
集会	jíhuì	get-together
表演	biǎoyǎn	perform
梳	shū	comb
辫子	biànzi	pigtail; braid
认真	rènzhēn	conscientious; earnest

用拼音读一读
Pinyin Version

Xìn bú xìn yóu nǐ, wǒmen xuéxiào dàyuē yǒu liǎngbǎi zhǒng kèwài huódòng, qízhōng yǒu tǐyù huódòng, yě yǒu wényì huódòng.

Měi nián hái huì kāibàn xīn de kèwài huódòng, bǐrú jīnnián wǒmen xuéxiào de xuéshēnghuì zhǔxí Yīwá jiù kāichuàngle yí gè xīn de shètuán——Zhōngguó mínzúwǔ jùlèbù. Wǒ gēnjù míngzi cāi, zhège jùlèbù shì xuéxí tiào gèzhǒng-gèyàng de Zhōngguó mínzú wǔdǎo de. Wǒ hěn xǐhuān Zhōngguó, jiù bàomíng cānjiā le. Wǒmen měi ge xīngqī sān de zhōngwǔ dōu yào qù páiliàn. Wǒmen xiān xué de wǔdǎo shì shànziwǔ, Yīwá shuō shànziwǔ shì zuì jiǎndān de Zhōngguó mínzúwǔ.

Yì kāishǐ, Yīwá názhe liǎng bǎ piàoliang de shànzi, wèi wǒmen tiàole yí duàn shànziwǔ. Tā tiào de zhēn hǎo, liǎng bǎ shànzi hǎoxiàng zhǎng zài tā shǒu shang yíyàng, yíhuìr dǎkāi, yíhuìr héshàng, hǎo shénqí ya. Wǒmen kàn de rùmí. Wǒmen dōu wàngjìle shíjiān, wàngjìle shuōhuà.

Tā tiàowán yǐhòu, dì gěi wǒmen měi ge rén yì bǎ shànzi, ràng wǒmen liànxí yòng dānshǒu zěnme dǎkāi shànzi, zěnme héshàng shànzi. Méi nádào shànzi de shíhou, wǒmen dōu juéde zhè dòngzuò fēicháng róngyì. Kěshì nádào shànzi yí shì, wǒmen dōu bù shuōhuà le. Héshàng shànzi, dǎkāi shànzi kàn qǐlai róngyì, zuò qǐlai kě bù róngyì. Érqiě wǒmen hái yào názhe shànzi tiàowǔ, yìbiān zuòchū gèzhǒng-gèyàng de wǔdǎo dòngzuò, yìbiān hái yào zhùyì biànhuàn wǔdǎo duìxíng.

Yīwá shì gè hǎo lǎoshī. Tā chángcháng gǔlì wǒmen, hái yí cì yòu yí cì de gěi wǒmen zuò shìfàn, jiāo wǒmen zěnme tiàohǎo shànziwǔ. Yí gè yuè yǐhòu, wǒmen jīběnshang xuéhuì zěnme tiào shànziwǔ le, dàjiā tiào de hěn zhěngqí.

Hòulái wǒmen yòu kāishǐ xuéxí sǎnwǔ. Duì, jiùshì názhe wǔyán-liùsè de yǔsǎn tiàowǔ. Zuì yǒu yìsi de shì, yǒu liǎng gè nánháizi yě cānjiāle wǒmen de jùlèbù. Tāmen liǎ hé wǒmen yíyàng, fēicháng rènzhēn de liànxí.

Zhōngguó de Yuánxiāo Jié dào le, xiàoyuán li dàochù zhāngdēngjiécǎi. Wǒmen jùlèbù zài xuéxiào jǔbàn de jíhuì shang biǎoyǎn. Wǒmen suízhe Zhōngguó de mínzú yīnyuè tiàoqǐle shànziwǔ. Wǒmen tiào de fēicháng zhěngqí, fēicháng hǎokàn, guānzhòngmen dōu rèliè gǔzhǎng. Tiàowán shànziwǔ yǐhòu, wǒmen yòu tiàole sǎnwǔ, zhè cì nà liǎng gè nánháizi yě shàngchǎng le.

Tāmen liǎ liǎn shang yě tú de hónghóng de. Tāmen dài de jiǎfà shūchéngle hé wǒmen nǚháizi yíyàng de xiǎobiànzi, kàn qǐlai jiù xiàng liǎng gè piàoliang de xiǎogūniang. Tāmen gāng yì chūchǎng, dàjiā dōu xiào le, hái yǒu hěn duō rén kāishǐ gǔzhǎng.

Tāmen zhǐguǎn suízhe yīnyuè rènzhēn de tiào, wǒmen zài hòupái yě rènzhēn de tiào. Dāngrán, tāmen chéngle quánchǎng de zhōngxīn, tái xià hěn duō rén gěi tāmen zhàoxiàng. Hòulái, tā liǎ zài wǔtái zhōngyāng tiào sǎnwǔ de zhàopiàn bèi tiē zài le xuéxiào xuānchuánlán li, tāmen chéngle xiàoyuán míngxīng.

Zài hòulái, yòu yǒu hǎo jǐ gè nánshēng cānjiāle wǒmen de jùlèbù. Měi nián de xīnnián jíhuì shang dōu yǒu wǔdǎo biǎoyǎn, jīnnián wǒmen jùlèbù yǒu gè jiémù quánbù shì nánshēng biǎoyǎn de, shòudàole dàjiā de xǐ'ài.

用中文读一读
Chinese Version

信不信由你，我们学校大约有两百种课外活动，其中有体育活动，也有文艺活动。

每年还会开办新的课外活动，比如今年我们学校的学生会主席伊娃就开创了一个新的社团——中国民族舞俱乐部。我根据名字猜，这个俱乐部是学习跳各种各样的中国民族舞蹈的。我很喜欢中国，就报名参加了。我们每个星期三的中午都要去排练。我们先学的舞蹈是扇子舞，伊娃说扇子舞是最简单的中国民族舞。

一开始，伊娃拿着两把漂亮的扇子，为我们跳了一段扇子舞。她跳得真好，两把扇子好像长在她手上一样，一会儿打开，一会儿合上，好神奇呀。我们看得入迷。我们都忘记了时间，忘记了说话。

她跳完以后，递给我们每个人一把扇子，让我们练习用单手怎么打开扇子，怎么合上扇子。没拿到扇子的时候，我们都觉得这动作非常容易，可是拿到扇子一试，我们都不说话了。合上扇子、打开扇子看起来容易，做起来可不容易。而且我们还要拿着扇子跳舞，一边做出各种各样的舞蹈动作，一边还要注意变换舞蹈队形。

伊娃是个好老师。她常常鼓励我们，还一次又一次地给我们做示范，教我们怎么跳好扇子舞。一个月以后，我们基本上学会怎么跳扇子舞了，大家跳得很整齐。

后来我们又开始学习伞舞。对，就是拿着五颜六色的雨伞跳舞。最有意思的是，有两个男孩子也参加了我们的俱乐部。他们俩和我们一样，非常认真地练习。

中国的元宵节到了，校园里到处张灯结彩。我们俱乐部在学校举办的集会上表演。我们随着中国的民族音乐跳起了扇子舞。我们跳得非常整齐，非常好看，观众们都热烈鼓掌。跳完扇子舞以后，我们又跳了伞舞，这次那两个男孩子也上场了。

他们俩脸上也涂得红红的。他们戴的假发梳成了和我们女孩子一样的小辫子，看起来就像两个漂亮的小姑娘。他们刚一出场，大家都笑了，还有很多人开始鼓掌。

他们只管随着音乐认真地跳，我们在后排也认真地跳。当然，他们成了全场的中心，台下很多人给他们照相。后来，他俩在舞台中央跳伞舞的照片被贴在了学校宣传栏里，他们成了校园明星。

再后来，又有好几个男生参加了我们的俱乐部。每年的新年集会上都有舞蹈表演，今年我们俱乐部有个节目全部是男生表演的，受到了大家的喜爱。

用英文读一读
English Version

Though it may be hard to believe, our school has roughly 200 extracurricular activities in many fields, including sports and culture.

New activities are also introduced every year. For example, this year the president of our school student union, Eva, founded a new club—the Chinese Folk Dance Club. From its name, I figured this club taught different kinds of Chinese folk dances. I really like China, so I signed up. We practised every Wednesday at noon. We first studied the fan dance, which Eva said is the simplest Chinese folk dance.

Before we began learning the dance, Eva performed it for us, holding two beautiful fans. She danced really well. It even seemed like the two fans were part of her hands in the way they opened and closed. It was amazing. We were all so entranced in the performance that we lost track of time and couldn't even speak.

When she finished, she gave us each a fan and had us practise opening and closing it with one hand. Before we actually held the fan in our hands, we all thought it would be extremely easy. But now that we held them, nobody spoke. Watching her close and open the fan looked easy, but actually doing it was hard. We also had to dance with the fan, and while doing all kinds of dance moves, we also had to pay attention to the changing formations.

Eva was a good teacher. She continued to encourage us and demonstrated again and again how to perform the dance correctly. After a month, we had basically learned how to do it, and everyone could do it nicely.

Next we started learning the umbrella dance. That's right, this dance was done with colourful umbrellas. The most interesting thing was that two boys had also joined our club. They were just like us and practised very seriously.

When the Chinese Lantern Festival arrived, the campus was full of lanterns and coloured streamers, and our club held a performance. We performed the fan dance to Chinese folk music. Our dance was very orderly and beautiful, and the audience gave us a warm round of applause. After finishing the fan dance, we performed the umbrella dance. This time, the two boys also came on stage.

Their faces were painted red, and they were wearing wigs that were combed into pigtails like the other girls. They both looked very pretty. The moment they got on the stage, everyone laughed, and many people began applauding.

The boys were serious as they danced with the music, and we were also serious as we danced behind them. Of course, they became the focus of the show, and many people in the audience took pictures of them. Later, a picture of them performing the umbrella dance was posted on the school bulletin board, and they became the stars of the school.

After that, many other boys joined our dance team. Every year, there are dance performances at the school New Year's party. This year our club had several dances performed entirely by boys, which everyone loved.

❶ Level Chinese 在做什么

　　Level Chinese致力于为幼儿园、小学及初高中的汉语学习者提供精准的汉语阅读分级服务,其开发的汉语水平分级框架根据语法、词汇量和阅读技能等要素,将汉语水平分为20个级别。

　　Level Chinese目前可提供的服务有:

　　1. 在线评估和数据分析服务。学生可通过在线平台测试自己的汉语水平,系统可提供即时数据,方便教师清晰地了解和准确地评估每名学生的汉语阅读水平及进展。

　　2. 中文图书分级服务。根据Level Chinese开发的20个级别的汉语水平分级框架为文学类和非文学类中文图书进行分级(其中包括"华语阅读金字塔"汉语分级阅读系列全部图书及华语教学出版社出版的多套汉语分级阅读系列丛书),便于学生根据自身水平选择阅读书单。

　　3. 配套阅读理解练习。为所有已分级的图书提供配套的阅读理解练习(worksheet,见右图),帮助学生在阅读的同时进一步巩固所学的语法知识和阅读技巧。

worksheet

❷ Level Chinese与ACTFL 分级对照表

Level Chinese	ACTFL	Level Chinese	ACTFL	Level Chinese	ACTFL
A	Novice Low	H	Intermediate Low	O	Intermediate High
B	Novice Mid	I	Intermediate Mid	P	Advanced Low
C	Novice Mid	J	Intermediate Mid	Q	Advanced Low
D	Novice High	K	Intermediate Mid	R	Advanced Low
E	Novice High	L	Intermediate High	S	Advanced Low
F	Intermediate Low	M	Intermediate High	T	Advanced Low
G	Intermediate Low	N	Intermediate High		

❸ 本故事级别为 Level Chinese K

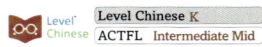

Level Chinese K
ACTFL Intermediate Mid

　　Level Chinese K:此级别图书包含绘本书和无图文本,每本30~60个句子,大部分句子是25个字左右的较长句子。K级图书以非重复性复合句为主,可能包含短段落,可能包含有细节描写的句子或简单的修辞方法。K级图书所用词语大部分是常用高频词,可能包含部分书面语。图书部分内容可能超出日常生活,但容易理解。此级别图书的图画可能包含更多细节。

华语阅读金字塔
Sinolingua Reading Tree
10级 Level 10

"华语阅读金字塔"系列针对幼儿园、小学至中学以英语为母语的汉语学习者或国际学校的汉英双语学习者。全系列分为预备级、1~12级,共13个级别。预备级适合幼儿园阶段亲子阅读;1~12级词汇及语言难度螺旋上升,适合小学至中学阶段的学生学习。本系列根据IB中的PYP、MYP和DP ab initio教学话题,参照YCT、IGCSE、IB和AP等国际通行的中文考试大纲词汇,以及国际学校中比较流行的教材里的词汇进行编写。书中配有涉及听说读写的有趣练习和精心设计的探究项目(project),力求引导学生在探索中吸收与语言和文化有关的知识。本系列还提供配套音频和电子书,10级有如下10本。

The Sinolingua Reading Tree series is a collection of Chinese levelled readers aimed at kindergarten through secondary school-aged students who are native English speakers or who are studying at Chinese-English bilingual international schools. This series is divided into 13 levels, ranging from a starter level to more advanced levels. The starter level is intended for parent-child reading for kindergarten-aged children while the other 12 levels are suitable for primary and secondary school students. The series covers topics from the Primary Years Programme (PYP), Middle Years Programme (MYP) and the ab initio of the Diploma Programme (DP) established by the International Baccalaureate (IB). It is compiled with the use of the vocabulary listed in the syllabi of international Chinese language tests, such as the Youth Chinese Test (YCT), International General Certificate of Secondary Education (IGCSE), IB and Advanced Placement Programme (AP) as well as vocabulary in popular textbooks adopted by international schools. Each volume, complete with audio material and an e-book, is accompanied by exercises and a research project that aims to guide students in learning Chinese language and culture through exploration. Volumes 1-10 of Level Ten of the series are listed below.

www.sinolingua.com.cn　　Email: hyjx@sinolingua.com.cn　　Tel: (86) 10 - 68320585　68997826

出版策划：王君校　韩　晖
统筹协调：付　眉　韩　颖　彭　博
项目策划：陆　瑜
责任编辑：陆　瑜
英文编辑：吴爱俊
封面设计：张　颖
绘　　画：顾腾飞

图书在版编目（CIP）数据

中国民族舞俱乐部：汉英对照 / 鲍思冶，曾凡静编著. — 北京：华语教学出版社，2020.8
（华语阅读金字塔. 10级；9）
ISBN 978-7-5138-1903-9

Ⅰ.①中… Ⅱ.①鲍… ②曾… Ⅲ.①汉语 - 对外汉语教学 - 语言读物 Ⅳ.①H195.5

中国版本图书馆CIP数据核字(2020)第014677号

华语阅读金字塔·10级⑨中国民族舞俱乐部
Victor Siye Bao（鲍思冶）　曾凡静　编著
〔美〕Scott Rainen　翻译

*

ⓒ 华语教学出版社有限责任公司
华语教学出版社有限责任公司出版
（中国北京百万庄大街24号　邮政编码100037）
北京玺诚印务有限公司印刷
2020年（32开）第1版
2020年第1版第1次印刷
（汉英）
ISBN 978-7-5138-1903-9
001990

First Edition 2020
First Printing 2020

Copyright 2020 by Sinolingua Co., Ltd
Published by Sinolingua Co., Ltd
24 Baiwanzhuang Street, Beijing 100037, China
Tel: (86) 10-68320585 68997826
Fax: (86) 10-68997826 68326333
http://www.sinolingua.com.cn
E-mail: hyjx@sinolingua.com.cn
Facebook: www.facebook.com/sinolingua

Printed in the People's Republic of China